MLADEN JADRIĆ *Intimate Spaces*

INHALT / *CONTENT*

INTIMATE SPACES

Mladen Jadrić

„Die Arbeit an der Philosophie ist - wie vielfach die Arbeit in der Architektur - eigentlich mehr die Arbeit an einem selbst. An der eigenen Auffassung. Daran, wie man die Dinge sieht (und was man von ihnen verlangt).„

Vorlesungen zur Ästhetik, Ludwig Wittgnestein

Das Familienhaus polarisiert als Phänomen schon lange die Gesellschaft. Wegen dem verhältnismäßig großen Flächenverbrauch und dem Verkehrsaufwand wird es oft verurteilt.

Auch der Klimawandel stellt die Nachhaltigkeit des Einfamilienhauses infrage. Doch obwohl immer wieder totgesagt, bleibt das Familienhaus, gemeinsam mit einem Schatten des paradiesischen Gartens, ein Lebenstraum der meisten Menschen. Ohne Familienhäuser würde die Geschichte der Architektur auf ein sehr dünnes Buch schrumpfen. Pandemien und Kriege, zeugen aber auch von der Vitalität des eigenen Heimes. Gute Wohnverhältnisse haben sich als Retter der Arbeitswelt in der letzten Pandemie erwiesen. Auch der Begriff „Familie“ könnte heute viel breiter aufgefasst werden: Nachbarschaften, Co-Living, Arbeitskreise haben viel von den Eigenschaften einer engverbundenen, gemeinsam sozialisierten Gruppe übernommen.

Drei vorgestellte Projekte reflektieren drei verschiedenen Lebensrhythmen dreier Familien zwischen ihrer Privatheit und der Öffentlichkeit. Drei unterschiedliche Ambiente, offene und geschlossene Räume, bieten eine Reihe von Nutzungsmöglichkeiten, die durch Selbstbestimmung gelebt werden.

Ein Palimpsest der Situationen transkribiert im Raum.

"The work on philosophy - as in many cases the work in architecture - is actually more the work on oneself. On one's own conception. On how one sees things (and what one demands of them)."
Lectures on Aesthetics, Ludwig Wittgenstein

The family house has long been a phenomenon of polarized society. It is often condemned because of the relatively large amount of land it consumes and the amount of traffic it requires.

Climate change also calls into question the sustainability of the family home. However, although repeatedly pronounced dead, the family home, along with a shadow of the paradise garden, remains a lifelong dream for most people. Without family homes, the history of architecture would shrink to a very thin book. Pandemics and wars also testify to the vitality of the home. Good housing proved to be the savior of the working world in the last pandemic. The term "family" could also be understood much more broadly today: Neighborhoods, co-living, and working groups have taken on much of the characteristics of a close-knit, jointly socialized group.

The three presented projects reflect three different rhythms of life for three families, between their privacy and the public. Three different ambiances, open and closed spaces, offer various uses lived through self-determination.

A palimpsest of situations transcribed in space.

INTIMATE SPACES

Mladen Jadrić

"For our house is our corner of the world. As has often been said, it is our first universe, a real cosmos."

Gaston Bachelard, Poetics of Space (Boston: Beacon Press, 1969), 46.

EINLADUNG ZUM BLICKWECHSEL

INVITATION TO A CHANGE OF PERSPECTIVE

Essay by Alexander Peer

I - Der paradiesische Garten

Die Rückkehr häuslicher Intimität in den Zeiten geopolitischer und ökologischer Krisen verlangt von Architekten eine noch stärkere Rolle als intimer Gestalter beständiger Lebensräume. Mladen Jadrić stellt drei seiner jüngeren Projekte vor, die – bei auffälliger Unterschiedlichkeit in Lage, Form und Materialität – in wesentlichen planerischen Prinzipien übereinstimmen.

Insbesondere unterstützen diese Entwürfe die Wechselwirkung von umbautem Raum und offenem Raum. So ist das Haus selbst nicht ohne seinen Garten zu denken. Als Hortus Conclusus versteht der an vielen Orten rund um den Globus wirkende Architekt die Beziehung des Gebäudes mit seinem natürlichen Vorraum, dem Garten.

I - The Paradisiacal Garden

The return of domestic intimacy during geopolitical and ecological crises puts even greater demands on architects and their role as intimate designers of enduring living spaces. Mladen Jadrić presents three of his recent projects that, while strikingly different in location, form, and materiality, share essential planning principles.

These designs particularly support the interaction of enclosed and open spaces. A house cannot be imagined without a garden. The globetrotting architect with an international portfolio defines the relationship between a home and its garden, its natural anteroom, as Hortus Conclusus.

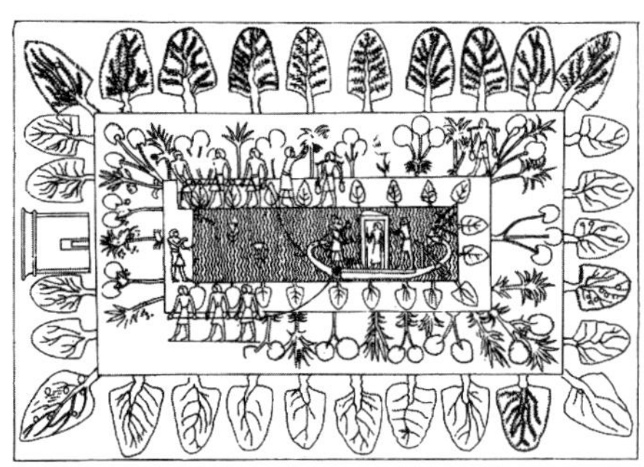

The scene from the garden of Rekhmara
Nach Mémoires de la mission franç. au Caire

GREEN HOUSE / AUSTIN

EINLADUNG ZUM BLICKWECHSEL

INVITATION TO A CHANGE OF PERSPECTIVE

Essay by Alexander Peer

EINLADUNG ZUM BLICKWECHSEL

INVITATION TO A CHANGE OF PERSPECTIVE

Essay by Alexander Peer

Im Alten Testament findet sich dieses Geständnis im Hohelied: „Ein verschlossener Garten ist meine Schwester, meine Braut; ein verschlossener Born, ein versiegelter Quell." (zitiert nach Luther, Hld 4,12). Dieses Zitat gehört zu einer Beschreibung des paradiesischen Gartens. Dieser will seine Rätsel nicht offenbaren, aber er zeigt sie freudvoll. Der Garten ist jener erweiterte Bereich des Wohnens, in welchem sich Natur und geschützter Bereich durchdringen. Der mit Zäunen begrenzte Garten definiert eindeutig den Verantwortungsbereich: Es ist die dem Menschen übertragene Landschaftspflege. Dafür braucht es die Suche nach Erkenntnissen über das Wesen von Flora und Fauna, die Bereitschaft dieses Wissen anzunehmen und Verständnis zu entwickeln für die Herkunft aus der Natur. Im Hohelied ist dieses Verständnis noch unterlegt mit der Größe des Erotischen, die alle Bereiche durchdringt. Für-etwas-Dasein entstammt einem Begehren und animiert zur Tat.

In the Old Testament, this confession is found in the Song of Solomon: "A garden enclosed is my sister, my spouse, a spring shut up, a fountain sealed" (KJV 4:12). This quotation is a description of the paradisiacal garden, which does not want to give away its mysteries, but it hints at them joyfully. The garden is that extended living space in which nature and the protected sphere interpenetrate. The garden, delimited by a fence, clearly defines the area of responsibility: it is the care for the landscape entrusted to man. This requires acquiring knowledge about the nature of flora and fauna, a willingness to accept this knowledge, and developing an understanding of its origin in nature. In the Song of Solomon, this understanding is still underlaid with the greatness of the erotic, which permeates all spheres. Being there stems from the desire to do something and encourages action.

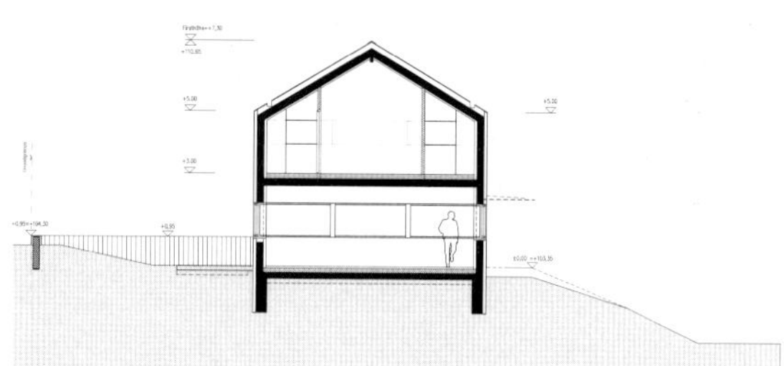

section - no scale

EINLADUNG ZUM BLICKWECHSEL

INVITATION TO A CHANGE OF PERSPECTIVE

Essay by Alexander Peer

Dieses erweiterte Wohnen ist ein Privileg des Familien- bzw. Einfamilienhauses. Wobei dieses Attribut selbst schon wieder veraltet oder unpassend erscheint. Zu sehr sind unsere privaten und beruflichen Beziehungen vermischt und variabel. Wäre es nicht treffender, von einem Möglichkeitshaus zu sprechen? Dabei erschöpfen sich Nutzungen nicht im vorgegebenen Pragmatismus. Der Architekt bietet vielmehr ein Spielfeld der Interaktionen an: individuelle, soziale, philosophische, naturalistische und ökologische Qualitäten hält das gestaltete Ensemble bereit.

This extended living is a privilege of the family or single-family home, though this attribute in and of itself already needs to be updated or revised. Our personal and professional relationships are too mixed and variable. Would it not be more appropriate to speak of a house of possibilities? Its uses are still in the given pragmatism. Instead, the architect offers a playing field of interactions: individual, social, philosophical, naturalistic, and ecological qualities, all contained in the designed ensemble.

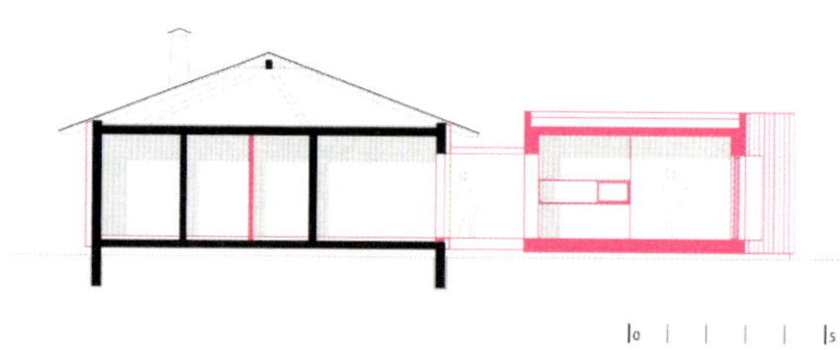

section - no scale

existing building

HAUS GRILL-REICHENAUER / PAYERBACH

EINLADUNG ZUM BLICKWECHSEL
INVITATION TO A CHANGE OF PERSPECTIVE

Essay by Alexander Peer

HAUS GRILL-REICHENAUER / PAYERBACH

EINLADUNG ZUM BLICKWECHSEL

INVITATION TO A CHANGE OF PERSPECTIVE

Essay by Alexander Peer

Es wäre eine verkürzte Darstellung, den Architekten als Psychotherapeuten oder Coach zu identifizieren. Er ist dies auch, aber nicht nur – es ist eine falsche Interpretation, den Menschen als defizitär zu verstehen. Vielmehr ist der ideale Architekt jener Begleiter, auf den man – wissend oder nicht – gewartet hat. In seiner Vorlesung zur Ästhetik formuliert Ludwig Wittgenstein die Aufgabe so: „Die Arbeit an der Philosophie ist - wie vielfach die Arbeit in der Architektur - eigentlich mehr die Arbeit an Einem selbst. An der eigenen Auffassung. Daran, wie man die Dinge sieht (Und was man von ihnen verlangt)." Es ist bei Wittgenstein das in Klammern Gesetzte nicht weniger bedeutsam. Was man von den Dingen verlangt, ist elastisch. Wittgenstein selbst ist ein leuchtendes Beispiel für die Wandlungsfähigkeit des Betrachtens: Von der Formstrenge des „Tractatus logico-philosophicus" hin zu den „Philosophischen Betrachtungen" in seiner zweiten Lebenshälfte liegt eine enorme Wegstrecke an Veränderungen. Die Arbeit an sich selbst ist Ausdruck der Vitalität.

Describing the architect as a psychotherapist or a coach would be a simplified representation. He plays these roles, too, but not only these – it would be a wrong interpretation to suggest that human beings are deficient. Instead, the ideal architect is that companion for whom - knowingly or not - one has been waiting. In his lecture on aesthetics, Ludwig Wittgenstein formulates the task thus: "Philosophical work—like architectural work in many respects—is more work. On oneself. On one's conception. On how one sees things. (And what one expects of them)." "In Wittgenstein's case, what is in brackets is no less significant. What one demands of things is elastic." Wittgenstein is a shining example of the mutability of views: from the formal rigor of the "Tractatus logico-philosophicus" to the "Philosophical Reflections" in the second half of his life lies an enormous distance of change. The work on himself is an expression of vitality.

II - Der Nomade in uns

Architektur schafft im Ideal Beständigkeit. Es geht um verlässliche Orte, die mit ihrer unerschütterlichen Ruhe Schaffenspotenziale fördern. Im Verborgenen wartet dieses kreative Heureka! auf den günstigen Augenblick. Während das Gebaute still steht, ist alles andere in Bewegung.
Das Wechselspiel von Tag und Nacht, die Einflüsse der Witterung, die Anforderungen der Jahreszeiten und die Herausforderungen des globalen Klimas wirken auf das Gebäude ein. Aber auch diejenigen, die im Gebäude sind und hinausblicken und eine Verbindung suchen zwischen sich und ihrer Umgebung bleiben in Bewegung. Wer etwa meint, dass im Schlaf nichts passiert, der unterschätzt den Stoffwechsel und die fabelhafte Welt der REM-Phasen.

Der Gedanke, der als nächster kommen will, was macht er mit uns? Wohin und wozu verleitet er uns? Wie muss der Raum beschaffen sein, damit er diese Flexibilität zulässt und unterstützt?

II - The Nomad in Us

Architecture uses ideals to create permanence. It is about reliable places that promote creative potential with their unshakable tranquility. In secret, this creative eureka moment waits for an opportunity. While the built environment stands still, everything else is in motion.
The interplay of day and night, the influences of the weather, the demands of the seasons, and the challenges of the global climate all affect the building. However, even those in the building, looking out and seeking a connection between themselves and their surroundings, remain in motion.
For example, those who think nothing happens during sleep underestimate metabolism and the fabulous world of REM phases.

The thought that wants to come next, what does it do to us? Where and to what does it tempt us? What must the space be like to allow and support this flexibility?

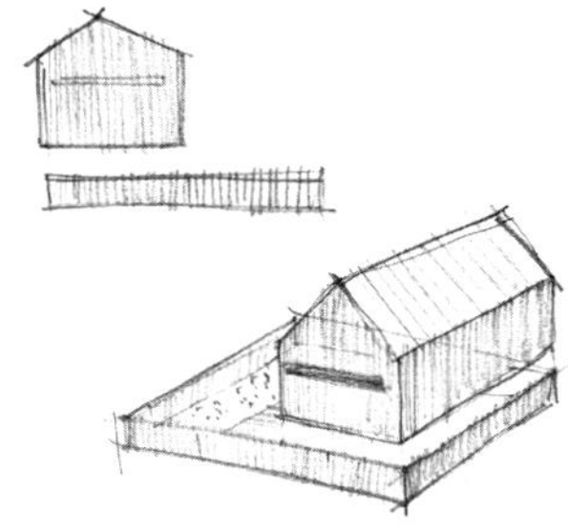

concept

Das Möglichkeitshaus braucht eine signifikante Größe, um diese elastische Nutzung zu gewährleisten. Die Küche ist ein Platz der kulinarischen Vielfalt, aber nicht nur. Manchmal ist sie ein Ort des Gesprächs, der Lektüre, der Notizen oder des Innehaltens beim Wärmen an einer dampfenden Tasse Tee. Vielleicht ist es auch der Blick in den Garten, der verblüfft. Er kann beides sein: vertraut und überraschend. Umspielt ist das Schauen manchmal mit einer Musik und die Klänge setzen sich fort in dem Erblickten. So wie die Blicke hinausgehen in den Garten, so kehren sie zurück in den Betrachter, der etwas mitnimmt, wohin er sich auch immer bewegt. Das Bewusstsein ist gefüllt mit einem unablässigen Rauschen und die Räume dimmen dieses oder verstärken es.

The House of Possibilities needs a significant size to facilitate this elastic use. The kitchen is a place of culinary diversity, but not only. Sometimes, it is a place for conversation, reading, note-taking, or pausing to warm oneself over tea. Alternatively, it could be the view of the garden that stuns. It can be both familiar and surprising. Sometimes, the view is surrounded by music, and the sounds continue in what is seen. Just as the glimpses go out into the garden, they return to the viewers and stay with them wherever they go. Consciousness is filled with incessant noise, and the rooms dim or amplify it.

concept

GREEN HOUSE / AUSTIN

EINLADUNG ZUM BLICKWECHSEL

INVITATION TO A CHANGE OF PERSPECTIVE

Essay by Alexander Peer

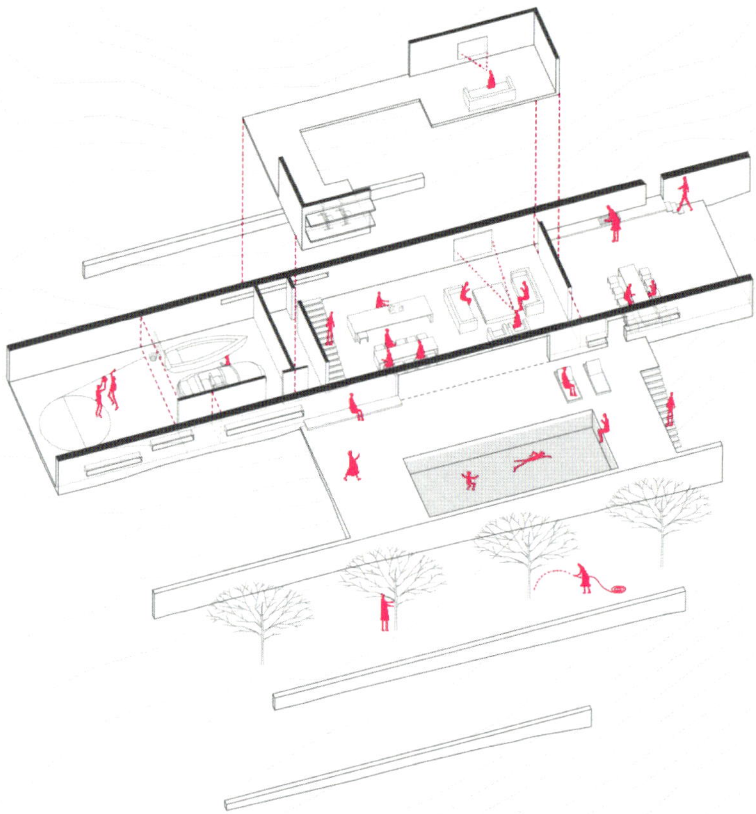

Das Haus ist immer ein Akt der Umschließung der Natur – damit entsteht am Beginn zuerst ein Garten, ein Hortus Conclusus als Inbegriff des Paradieses.

GREEN HOUSE / AUSTIN

EINLADUNG ZUM BLICKWECHSEL
INVITATION TO A CHANGE OF PERSPECTIVE

Essay by Alexander Peer

„Room with a view" ist die Erkenntnis, die allen drei Objekten zugrunde liegt. Stets finden die Gäste und Bewohner viel Sichtfläche. Im Green House in Austin (USA) ist das Gebäude im Obergeschoss mit einer durchgängigen Verglasung versehen. Die dezente Auskragung verhindert einen belastenden Wärmeeintrag und schafft die Voraussetzung für behagliche Helligkeit im Inneren. Als wäre dem Gebäude eine Brille aufgesetzt und damit visualisiert, wie stark das Haus zum Ausblick verleitet. Gleichzeitig enthüllt das großzügig einfallende Licht die Landschaft, in welcher das Gebäude verankert ist. Abweichende und variable Sichtweisen auf die Natur sind durch diese Architektur mehrfach unterstützt.

"Room with a View" is the insight that underlies all three objects. At all times, guests and residents find plenty of visual space. The Green House in Austin (USA) features continuous glazing on the upper floor. The discreet cantilever prevents a burdensome influx of heat and creates the conditions for comfortable brightness inside. It is as if a pair of glasses had been placed on the building, thus visualizing how strongly the house tempts one to look out. At the same time, the generous incidence of light reveals the landscape in which the building is anchored.
This architecture supports contrasting and variable views of nature in several ways.

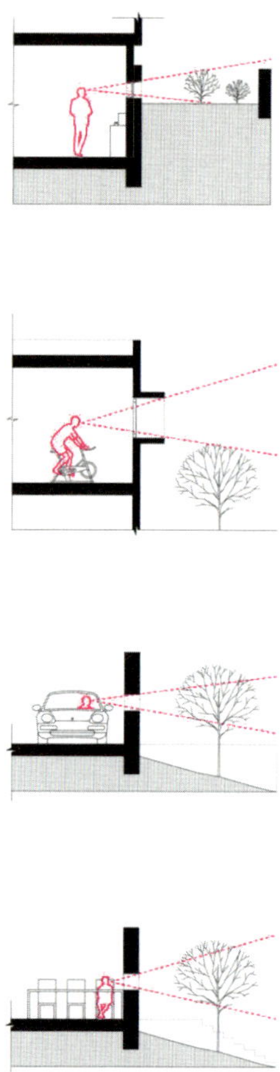

„Room with a view"

GREEN HOUSE / AUSTIN

Beim Projekt „At home in the Alps“ in der Ramsau (AUT) richtet sich die umfließende Aussicht im Erdgeschoss auf die unmittelbare Präsenz von Wald und Gebirge.

In the case "At home in the Alps" *in Ramsau (AUT), the surrounding view on the first floor is directed toward the immediate presence of the forest and the mountains.*

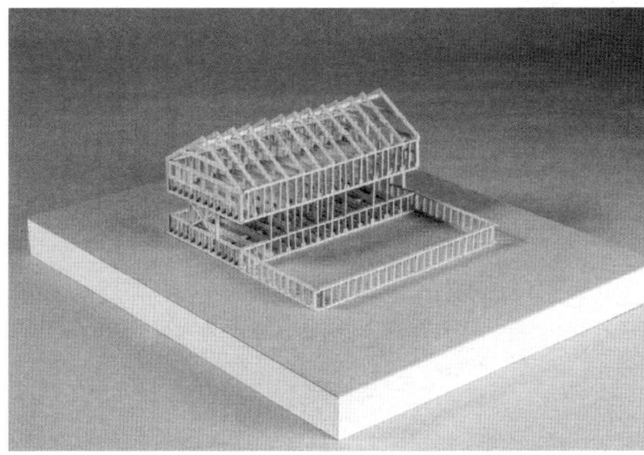

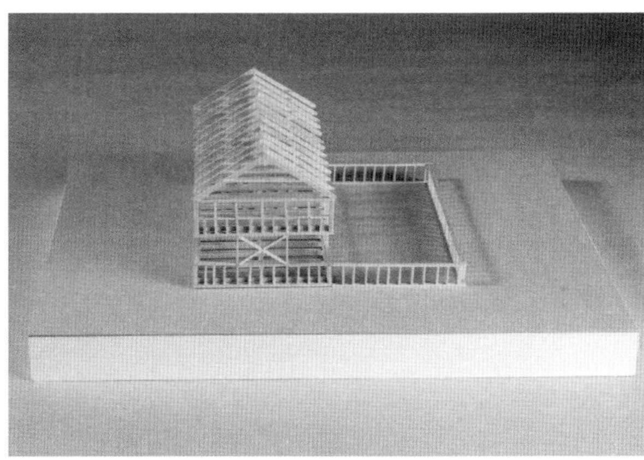

structural models

AT HOME IN THE ALPS / RAMSAU

EINLADUNG ZUM BLICKWECHSEL

INVITATION TO A CHANGE OF PERSPECTIVE

Essay by Alexander Peer

EINLADUNG ZUM BLICKWECHSEL
INVITATION TO A CHANGE OF PERSPECTIVE

Essay by Alexander Peer

Mit dem Umbau des Hauses Grill-Reichenauer in den Wiener Alpen (AUT) entsteht durch die additive Erweiterung in Form eines Pentagons eine Neuordnung der Gartenfläche. Durch die entsprechenden Panoramen und variablen Lichtarchitekturen, die mit der neuen Konzeption entstehen, richtet sich der Blick auf in Summe fünf Gartenausschnitte. Diese fünf Gärten lassen ganz unterschiedliche Beziehungen und Bespielungen zu. Es ist dem Nomaden in uns zu verdanken, der hier mit wenigen Schritten verschiedenste Perspektiven erlangt. Durch den verglasten Verbindungsgang, der den Bestand mit dem Zubau verbindet, kann man für Momente sowohl in den Innengarten als auch auf den am Horizont thronenden Schneeberg blicken.

With the conversion of the Grill-Reichenauer house in the Viennese Alps (AUT), the extension in the form of a pentagon reorganizes the garden area. Through the corresponding panoramas and variable architectures of light, which emerge from the new concept, the view is directed toward five garden sections. These five gardens allow for very different relationships and play. Thanks to the nomad in us, a variety of perspectives can be achieved here with just a few steps. Through the glazed passageway that connects the existing garden with the annex, one sees the inner garden and Mt. Schneeberg towering on the horizon.

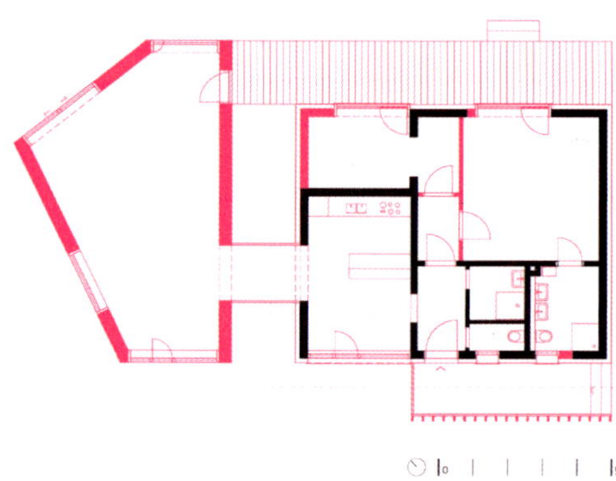

refurbishment - ground floor - no scale

HAUS GRILL-REICHENAUER / PAYERBACH

III – Die Nähe zum Ursprung

Diese zweifache Betonung des Blicks auf das Nahe und auf das Ferne verstärkt die Beziehung des Einzelnen mit dem Ganzen. Es ist der Garten als erweiterter Wohnbereich immer noch privat, aber den Gesetzen der Natur unterworfen. Der Garten obliegt gleichzeitig der Gestaltung des Menschen. Doch der Berg dahinter, die Flüsse um die Gärten und die Wälder und Wiesen sind ebenso dem menschlichen Tun ausgesetzt. Jahrtausende hat der Mensch in der Natur den Feind identifiziert, vor dem man auf der Hut sein müsse. Wir erleben einen Wandel dieser Rollenklischees. Wir müssen die Natur schützen vor unseren Taten, lautet das einprägsame Gebot, das mit dem Anthropozän einhergeht. Gleichzeitig bleibt die Natur bedrohlich. Sie ist gleichgültig gegenüber dem Schicksal des Einzelnen. Angezogen sind wir von diesem Widerspruch, fasziniert erstarren wir angesichts der Ästhetik des Grandiosen und zugleich erblassen wir aufgrund der latenten Gefahr durch die Natur-Gewalten ausgelöscht zu werden.

III - The Proximity to the Origin

This dual emphasis on looking near and far reinforces the individual's relationship with the whole. As an extended living space, the garden is still private but subject to the laws of nature. At the same time, the garden is subject to human design. Nevertheless, the mountain beyond, the rivers around the gardens, and the woods and meadows are equally subject to human activity. For millennia, man has seen nature as the enemy to be wary of. We are witnessing a change in these stereotypes. We must protect nature from our actions, which is the memorable imperative that comes with the Anthropocene. At the same time, nature remains a threat. It is indifferent to the fate of the individual.
This contradiction attracts us; fascinated, we freeze in the face of the aesthetics of the grandiose, and at the same time, we pale before the latent danger of being annihilated by the forces of nature.

EINLADUNG ZUM BLICKWECHSEL

INVITATION TO A CHANGE OF PERSPECTIVE

Essay by Alexander Peer

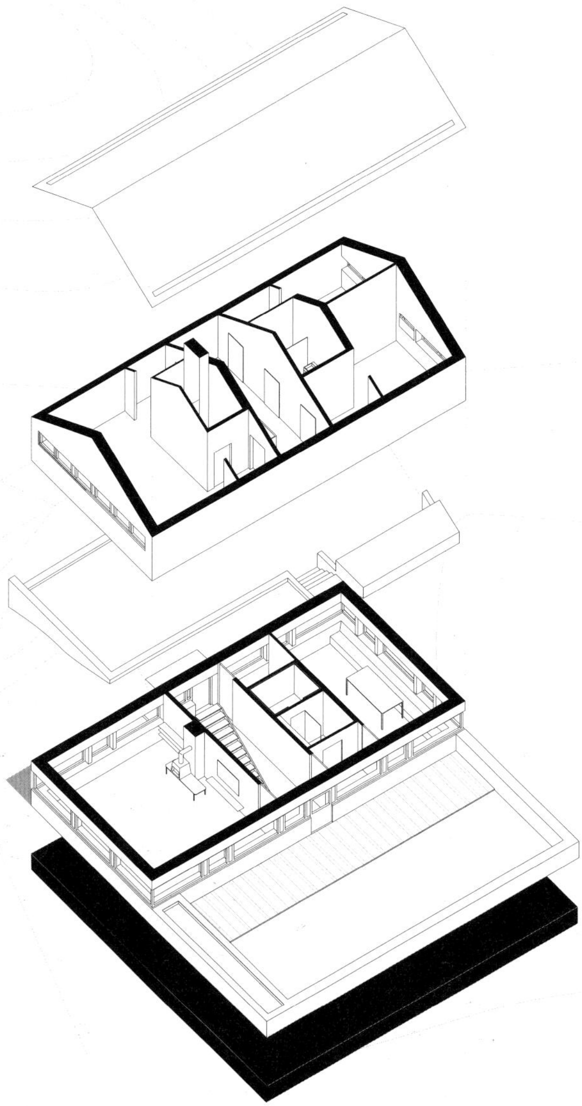

exploded isonometry

EINLADUNG ZUM BLICKWECHSEL
INVITATION TO A CHANGE OF PERSPECTIVE

Essay by Alexander Peer

Das Landleben ist eine Forderung unserer Zeit. Parallel zur wachsenden Urbanität braucht es eine Stärkung dörflicher Strukturen. Die Natur vertraut uns die Ressourcen für viele Prozesse an, sowohl für unseren materiellen Wohlstand und den naturwissenschaftlich - technologischen Fortschritt als auch für unsere persönliche Entfaltung und Ernährung ist ihre vitale Präsenz erforderlich. Erst durch die intensivierte Beziehung mit der Umwelt kümmern wir uns um sie. Eine Beziehung, die in der Stadt durchaus autistisch geraten kann, zu sehr ist das Individuum auf sich selbst zurückgeworfen. Das Landleben hat durch die Pandemie eine Renaissance erfahren. Die Landflucht hat sich umgekehrt. Nicht mehr die anonymen, zuweilen hektischen und distanzlosen Städte sind das Maß für den gesellschaftlichen Aufstieg, sondern die Bodenhaftung und die Ursprünglichkeit. Das Land erfindet sich neu und die Architektur hilft dabei. Häuser sind wie Basislager in der Landschaft, um für das Ursprüngliche bereit zu sein.

Country life is a demand of our time. In parallel to the growing urbanity, village structures need to be strengthened. Nature entrusts us with the resources for many processes, and its vital presence is necessary both for our material prosperity and scientific-technological progress, as well as for our personal development and nourishment. Only through the intensified relationship with the environment can we care for nature. This relationship can become quite autistic in the city: the individual is too focused on himself. Rural life has experienced a renaissance as a result of the pandemic. The rural exodus has been reversed. It is no longer the anonymous, sometimes hectic, and aloof cities that are the measure of social advancement but down-to-earthiness and originality. The countryside is reinventing itself, and architecture is helping it. Houses are like base camps in the landscape, ready for the return to their origin.

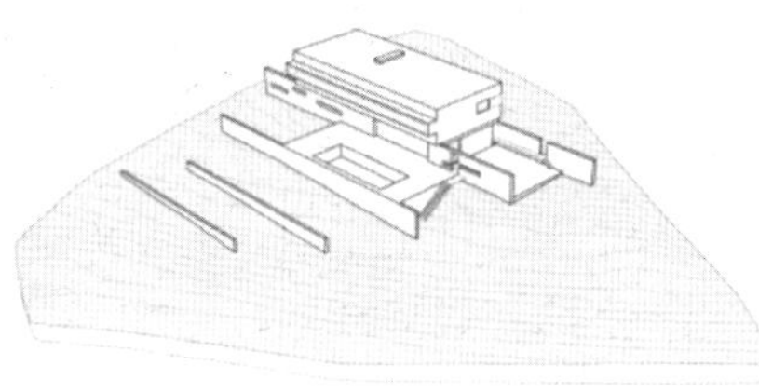

concept

GREEN HOUSE / AUSTIN

GREEN HOUSE / AUSTIN

EINLADUNG ZUM BLICKWECHSEL
INVITATION TO A CHANGE OF PERSPECTIVE

Essay by Alexander Peer

Das Möglichkeitshaus ist deshalb in einer Facette seines Charakters auf einen klassischen Gartenpavillon zurückzuführen. In seiner ursprünglichen lateinischen Bedeutung „Papilio“ ist damit ein Schmetterling bezeichnet, erst später wurde diese Semantik durch die Bedeutung „Zelt“ verdrängt. So wie der Schmetterling lichtdurchlässig ist und ein Synonym für Leichtigkeit darstellt, so gelten beide Qualitäten auch für diese drei Entwürfe von Mladen Jadrić. Das Lenken des Lichtes ist maßgeblich für das Wohnfühlen. Der Pavillon ist ein Objekttyp, der das Verhältnis von Garten und Haus gleichberechtigt bestimmt.

The House of Possibilities, in one facet of its character, can, therefore, be traced back to a classical garden pavilion. I ts original Latin meaning, "papilio" denotes a butterfly. Only later was this meaning supplanted by "tent." Just as the butterfly is translucent and synonymous with lightness, both qualities apply to these three designs by Mladen Jadrić. Directing the light is instrumental in making us feel at home. The pavilion is a type of building that defines the relationship between the garden and the house.

elevations - no scale

HAUS GRILL-REICHENAUER / PAYERBACH

EINLADUNG ZUM BLICKWECHSEL

INVITATION TO A CHANGE OF PERSPECTIVE

Essay by Alexander Peer

Obwohl immer wieder dessen Untergang attestiert wird, bleibt das Familienhaus ein Lebenstraum der meisten Menschen. Ohne Familienhäuser würde die Geschichte der Architektur auf ein sehr schmales Buch schrumpfen. Wir entlasten den manchmal überfrachteten Begriff der Familie durch einen breiteren und plädieren für das Möglichkeitshaus: Nachbarschaften, Co-Living, Arbeitskreise haben viel von den Eigenschaften einer eng verbundenen, gemeinsam sozialisierten Gruppe übernommen. Die drei vorgestellten Projekte reflektieren drei verschiedene Lebensrhythmen dreier Familien zwischen ihrer Privatheit und der Öffentlichkeit. Drei unterschiedliche Ambiente – pendelnd zwischen offenen und geschlossenen Räumen – bieten eine Reihe von Nutzungsmöglichkeiten, die durch Selbstbestimmung gelebt werden. Pandemien und Kriege verlangen nach der wiedererlangten Kraft des eigenen Heimes. Gute Wohnverhältnisse haben sich zudem als Retter der Arbeitswelt erwiesen, „home office" ist eine Anforderung an die zeitgemäße Planung. Es ließe sich noch ganzheitlich hinzufügen: „Whole Office" und mehr noch „Wholesome Office" sind Vorgaben für die architektonische Verantwortung. Arbeiten, Wohnen, Leben – eine architektonische Trinität.

Although its demise is repeatedly declared, the family house remains a lifelong dream of most people. Without family houses, the history of architecture would shrink to a skinny book. The sometimes-overloaded notion of family is superseded by a broader one, which makes a case for the House of Possibilities: Neighborhoods, co-living, and co-working spaces have taken on many of the characteristics of a close-knit, jointly socialized group.
The three projects presented here reflect three different rhythms of life of three families between their private and public lives. Three different ambiances – oscillating between open and closed spaces – offer a range of uses lived through self-determination. Pandemics and wars call for reinvigorating the power of one's own home. Suitable housing has also proven to be a savior of work: "home office" is required in contemporary planning. One could add holistically "Whole Office" or go a step further with "Wholesome Office" – all of these are specifications for architectural responsibility. Working, dwelling, living – an architectural trinity.

HAUS GRILL-REICHENAUER / PAYERBACH

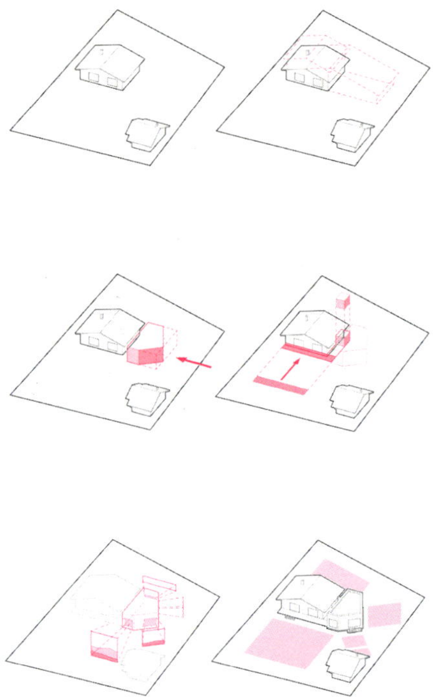

concept diagrams

IV – Handwerk ist Kopfwerk

Es braucht Dauer, um Dauer zu schaffen. Jedem durchdachten Entwurf geht ein langer, meist jahrelanger Erwerb von Einsichten und Fähigkeiten voraus. Der Entwurf garantiert qualitätsvolle Ausführung. In der digitalen Welt verliert sich die genuine Handschrift. In der analogen Welt der Architektur ist diese Handschrift präsent. Selbst dann, wenn Gebäude umgestaltet werden. Gerade dann, wenn die Zeit für eine entsprechende Patina sorgt. Ferner dann, wenn die einstigen Bewohner schon lange verschwunden sind. Es bleibt vom Vorhergehenden immer etwas zurück und wirkt nach. In der Architektur versteht man unter Palimpsest eine Metapher für Spuren von früher. Etwas ist präsent, selbst wenn es nicht mehr da ist. Kluge Planung beginnt mit diesem Verständnis von Veränderung, dass etwas Nachkommendes das Vorhergehende nicht einfach auslöscht, sondern überlagert und fortführt oder auch aus Widerspruch entsteht.

IV - Handicraft Is Braincraft

It takes time to create timelessness. Every well-thought-out design is preceded by a long, usually years-long acquisition of insights and skills. The design guarantees quality execution. In the digital world, the genuine handwriting is lost. In the analog world of architecture, this handwriting is present even when buildings are being redesigned, mainly when time gives them a certain patina and when their former inhabitants are long gone. There is always something left over from the past, which continues to have an effect. In architecture, palimpsest is a metaphor for traces from the past. Something is present, even if it is no longer there. Clever planning begins with this understanding of change: something that comes after does not simply erase what existed before but overlaps, continues or even arises from contradiction.

HAUS GRILL-REICHENAUER / PAYERBACH

EINLADUNG ZUM BLICKWECHSEL

INVITATION TO A CHANGE OF PERSPECTIVE

Essay by Alexander Peer

In seinem Essay „Das Unbehagen in der Kultur" vergleicht Sigmund Freud die Psyche mit der Architektur einer Stadt, in welcher Epochen einander überlagern. Nachkommende Ären verdrängen nie rückstandslos das Bestehende. Rom ist die prädestinierte Stadt, um diesen Vergleich zu manifestieren. Hier finden sich Baustile Mauer an Mauer, wie aneinander gelehnt wirken Antike, Renaissance und Barock. Die Schichten des Bewusstseins gehen in die Lebensräume ein und umgekehrt. Das historische Nacheinander zeigt sich als ein Nebeneinander im Raum und somit an den Oberflächen. Der Raum hält diese Bezüge fest. Ein Palimpsest unterschiedlichster Situationen transkribiert im Raum.

In his essay "Civilization and its Discontents," Sigmund Freud compares the psyche to the architecture of a city, in which eras overlap. Subsequent eras never displace the existing without leaving a residue. Rome is the predestined city to manifest this comparison. Here, architectural styles are found wall to wall; antiquity, Renaissance, and Baroque appear leaning against each other. The layers of consciousness merge into the living spaces and vice versa. The historical succession shows itself as a juxtaposition in space and on surfaces. The space captures these references. A palimpsest of diverse situations is transcribed in space.

structural model

HAUS GRILL-REICHENAUER / PAYERBACH

HAUS GRILL-REICHENAUER / PAYERBACH

Das Handwerk weiß um diese ganzheitliche Dimension. Sie sucht nach dem Verbindenden und Beständigen und widersetzt sich der Flüchtigkeit des eilig Gemachten. Handwerk ermöglicht erst die Dauer und damit die Veränderung: Etwas, das rasch kaputtgeht, kann sich auch nicht verändern. Handwerk ist der Gegenpol zur geplanten Obsoleszenz, die aus dem kapitalistischen Diktat regelmäßigen Konsums entsteht. Dieses Diktat hat keinen Respekt vor den Dingen und vor der Liebe, mit welcher diese Dinge geschaffen wurden. Handwerkliche Qualität muss deshalb bleiben und ist eine unverzichtbare Errungenschaft der Zivilisation. Sie darf nicht auf dem Altar der Digitalisierung geopfert werden.

Handicraft knows about this holistic dimension. It looks for what connects and endures and resists the fleetingness of the hastily made. Craftsmanship creates timelessness and thus enables change: something that breaks quickly cannot change. Handicraft is the antithesis of planned obsolescence, which arises from the capitalist dictate of constant consumption. This dictate has no respect for things and the love with which these things were created. Artisanal quality must, therefore, remain and is an indispensable achievement of civilization. It must not be sacrificed on the altar of digitalization.

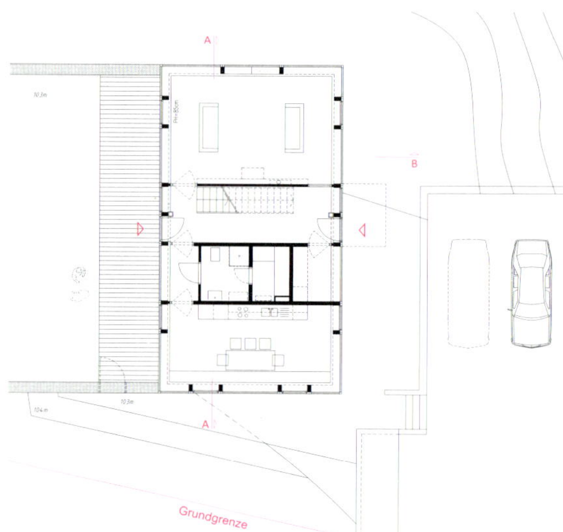

ground floor - no scale

V – Die goldene Form

Es sind fünf Sinne, über die wir verfügen. Wir bilden uns manchmal ein, über einen sechsten zu verfügen. Doch dieser sechste Sinn kann – wenn überhaupt – nur in der Gelassenheit vernommen werden. Wider die anhaltende Betriebsamkeit leistet diese Architektur der behutsamen Verknüpfung von Innen und Außen eine Anleitung bei sich zu sein, so unterschiedlich die Situation auch sein mag. Dabei hilft es, das Haus in seiner Funktion zu entlasten. Dafür braucht es Räume, die adaptiv sind, und sich auf die Bedürfnisse der Bewohner einstellen, ja buchstäblich immer neu einrichten lassen. Das Menschenmögliche erkennen und sich darauf berufen: Die Proportionen müssen passen und gesund sein. Diese Ethik liegt allen drei Projekten zugrunde.

Das Wissen um die gesunde Proportion balanciert das Verhältnis von Haus und Garten sowie der umliegenden Landschaft. Dieses Wissen um das Wesen der Form ist gewachsen mit den internationalen Aufträgen, die Jadrić und sein Team in weltumspannende Kulturkreise gebracht hat. Ein Quell inspirierender Schaffensfreude ist dabei die Begegnung mit fernöstlicher Philosophie.

V - The Golden Form

We have five senses at our disposal. We sometimes imagine that we have a sixth sense. Nevertheless, this sixth sense can only be heard – if at all – in serenity. Against the continuous bustle, this architecture carefully links the inside and the outside and guides us to be with ourselves regardless of different situations. In doing so, relieving the house of its function is helpful. This requires rooms that are adaptive and can be adjusted to the needs of its residents, literally constantly being rearranged. One must recognize and draw on the humanly possible: Proportions must fit and be healthy. This ethics underlies all three projects.

Knowledge of healthy proportions balances the relationship between the house, the garden, and the surrounding landscape. This knowledge of the essence of form has grown with international projects that have taken Jadrić and his team to engage with cultural circles worldwide. The encounter with Far Eastern philosophy is one source of inspiring creative joy.

GREEN HOUSE / AUSTIN

EINLADUNG ZUM BLICKWECHSEL

INVITATION TO A CHANGE OF PERSPECTIVE

Essay by Alexander Peer

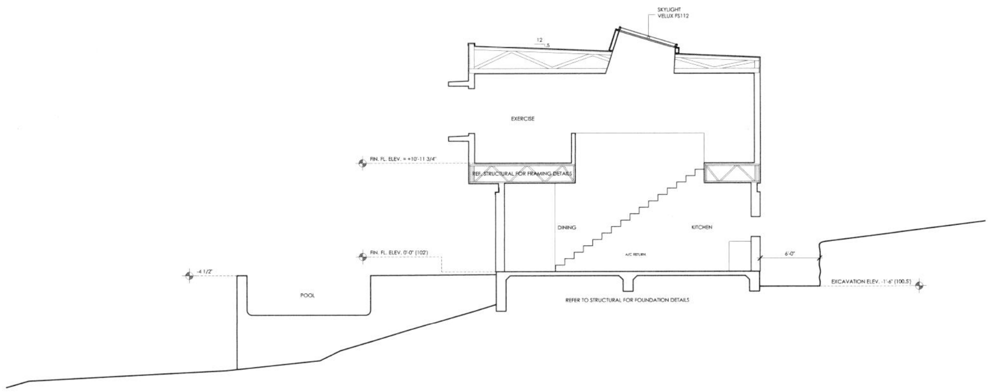

section - no scale

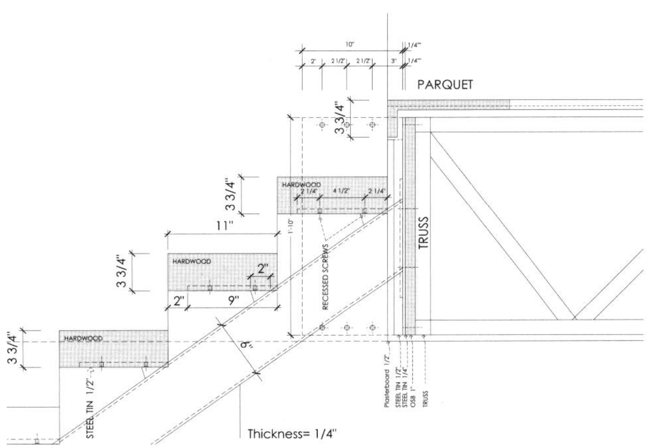

detail section - stairs - no scale

GREEN HOUSE / AUSTIN

EINLADUNG ZUM BLICKWECHSEL

INVITATION TO A CHANGE OF PERSPECTIVE

Essay by Alexander Peer

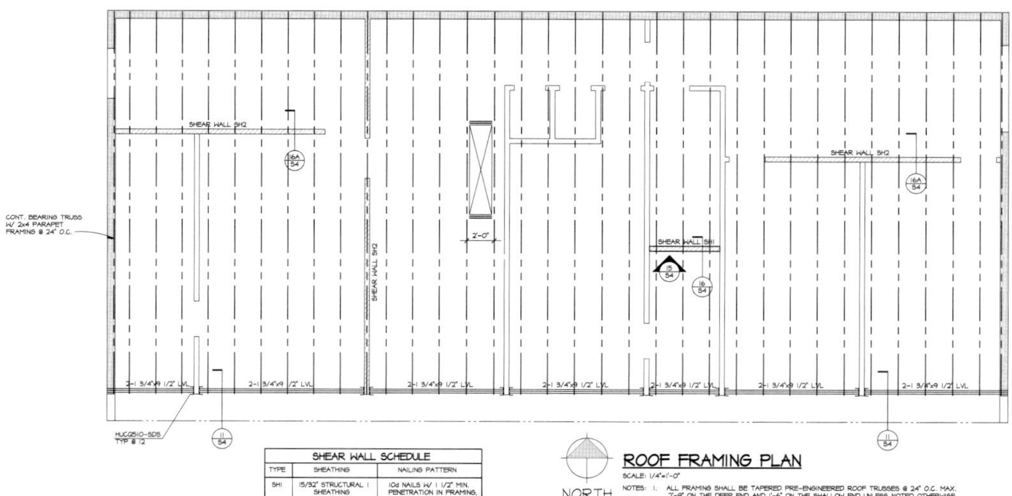

SHEAR WALL SCHEDULE		
TYPE	SHEATHING	NAILING PATTERN
SH1	15/32" STRUCTURAL 1 SHEATHING	10d NAILS W/ 1 1/2" MIN. PENETRATION IN FRAMING, 4" SPACING @ PANEL EDGES
SH2	1/2" MIN GYPSUM SHEATHING, BOTH SIDES OF WALL	DRYWALL SCREWS AT 8" O.C. EDGES, 12" O.C. FIELD

ROOF FRAMING PLAN

SCALE: 1/4"=1'-0"

NOTES:
1. ALL FRAMING SHALL BE TAPERED PRE-ENGINEERED ROOF TRUSSES @ 24" O.C. MAX. 2'-9" ON THE DEEP END AND 1'-6" ON THE SHALLOW END UNLESS NOTED OTHERWISE.
3. LOAD BEARING WALLS INDICATED AS [hatched symbol] SHALL BE 2x STUDS @ 16" O.C.
4. PROVIDE MINIMUM 3-2x STUDS BELOW ALL WOOD BEAMS. PROVIDE 2-2x CRIPPLES BELOW ALL HEADERS LARGER THAN 2-2x10.
5. HEADERS IN 2x4 LOAD BEARING WALLS SHALL BE 2-2x8 UNLESS NOTED OTHERWISE. HEADERS IN 2x6 LOAD BEARING WALLS SHALL BE 3-2x8 UNLESS NOTED OTHERWISE.
6. TRUSS LAYOUT BASED ON ARCHITECTURAL REFLECTED CEILING PLAN.

GREEN HOUSE / AUSTIN

EINLADUNG ZUM BLICKWECHSEL

INVITATION TO A CHANGE OF PERSPECTIVE

Essay by Alexander Peer

„Was ist die Form des Lebens?“, fragt der japanische Autor Yukio Mishima in seinem Essay „Der Goldene Pavillon“ (Kein & Aber, 2019).

Seine Antwort darauf entspricht dem Credo des Architekten Mladen Jadrić: „Die Form ist ein Abdruck des Lebens, das formlos ist und ständig im Fluss, zugleich schöpft jegliche Form auf dieser Welt ihre Gestalt aus diesem Fluss.“

“What is the Form of life?” asks Japanese author Yukio Mishima in his essay “The Golden Pavilion” (Kein & Aber, 2019).

His answer to this corresponds to the credo of architect Mladen Jadrić: “Form is an imprint of life, which is formless and constantly in flux; at the same time, every Form in this world draws its shape from this flux.”

PROJEKTE / *PROJECTS*

GREEN HOUSE
AUSTIN / TEXAS / USA
2013

Design	Mladen Jadrić
Design team	Li Jie, Edin Velic, Max Krankl
Partner Architect	Erik Gonzales, sago international, Austin, TX, USA
Project	Private Residence
Location	Austin, TX, USA
Construction	2012-2013
Graphic design	Asakura Kazuma
Strucutral advisor-concept	Dipl.-Ing. Igor Budai ZT GesmbH
Client	Vesna & Dragan Jadrić, Austin, TX, USA
Construction survey	James M. Grant, Manchaca, TX, USA
Builder	SKYWEST-Builders, Austin, TX, USA
Site area	0.632 Acre (2558 sqm)
Total floor area	3206 sq. ft. (320 sqm)
Photography	Paul Bardagjy, Austin, TX, USA
Drawings and Graphics	Jadrić Architektur ZT GmbH

GREEN HOUSE
AUSTIN / TEXAS / USA
2013

Das Projekt entstand durch die Simulation von Situationen, an denen alle Haushaltsmitglieder beteiligt waren. Anstelle eines einseitigen Innen-Außen-Kontrasts werden hier eine Vielzahl von Situationen mit unterschiedlichen atmosphärischen und lichttechnischen Bedingungen und Raumerfahrungen projiziert, je nachdem, wie lange man sich in einem bestimmten Raum aufhält: Einige Räume sind privat, andere werden mit dem Rest der Familie und Gästen geteilt.

Das Ergebnis ist eine Matrix: Die Nord-Süd-Achse umfasst Innen- und Außenräume, die sich an einem terrassenförmigen Hang nach Süden ausrichten; die Ost-West-Achse richtet sich nach der Bewegung der Sonne, die die täglichen Aktivitäten beleuchtet.

Das Haus liegt in einem grünen Viertel nicht weit vom Stadtzentrum entfernt, aber dennoch geschützt durch die Topografie und das üppige Grün, das seine Existenz vor allem der Größe der Grundstücke verdankt, die für eine geringe Bebauungsdichte in diesem Gebiet sorgt. Die ursprüngliche, für Austin typische Landschaft ist weitgehend erhalten geblieben. Unsere unmittelbare Reaktion auf diese außergewöhnliche Landschaft war der Versuch, die alten Elemente zu erhalten, indem wir einige von ihnen hervorhoben: die Bäume, den Garten und die Höhle. So ist das gesamte Haus der Aussicht und dem Licht untergeordnet, das durch das Wasser des Pools verstärkt wird, der genau aus diesem Grund strategisch außerhalb des Herzstücks des Hauses positioniert ist.

Die hauptsächlich nach Süden ausgerichteten Öffnungen spielen mit ihrer Größe in den räumlichen Dialog zwischen Innen und Außen. Die Fenster im zweiten Obergeschoss sind nicht als Simulation des Fensterbandes in der klassischen modernen Architektur zu verstehen, sondern als Versuch, allen Hausbewohnern die gleiche Erfahrung des Blicks auf die sich über viele Kilometer erstreckende grüne Landschaft zu ermöglichen.

Das Haus in Austin, Texas, erfüllt die Anforderungen der amerikanischen Standards für grüne Architektur. Die Planung dauerte über ein Jahr, der Bau nur acht Monate.

GREEN HOUSE
AUSTIN / TEXAS / USA
2013

The project came about through a simulation of situations in which all the household members were involved. Instead of a one-sided indoor-outdoor contrast, here we project a host of situations with different atmospheric and light conditions and spatial experiences, depending on the length of stay in a particular space. Some of the spaces are private; some are shared with the rest of the family and guests.

The result is a matrix: the north-south axis involves indoor and outdoor spaces that align themselves with a terraced slope toward the south; the east-west axis aligns with the sun's movement that illuminates daily activities.

The house is situated in a green district not far from the city center but still protected by its topography and lush greenery that owes its existence a great deal to the size of land plots, which ensures low building density in the area. The original landscape typical of Austin has been preserved to a great extent. Our immediate response to this exceptional landscape was to preserve the ancient elements by highlighting some of them: the trees, the garden, and the cave. Thus, the entire house is subordinated to the views and the light that is amplified by the pool water, which is strategically positioned outside the very heart of the house precisely for that reason.

The openings that are directed mainly toward the south play into the indoor-outdoor spatial dialogue with their size. The windows on the second floor should not be understood as a simulation of Fensterband in the classic modern architecture but as an effort to enable all the household members to enjoy the same experience of viewing the green landscape that stretches for many miles.

The House in Austin, TX, meets the requirements of the American green architectural standards. It took over a year to design and only eight months to build.

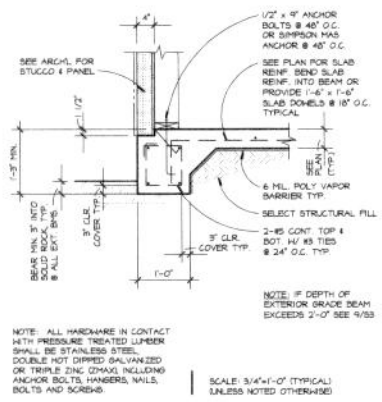

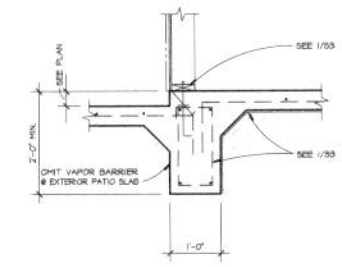

2

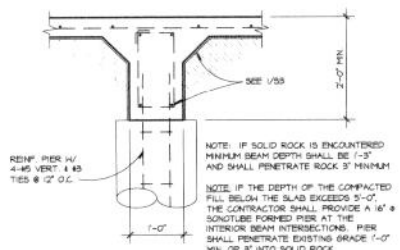

3

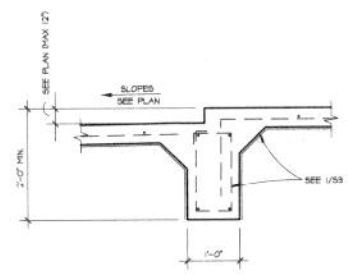

4

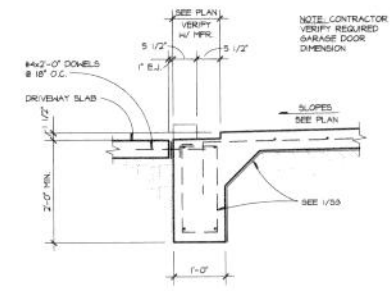

5

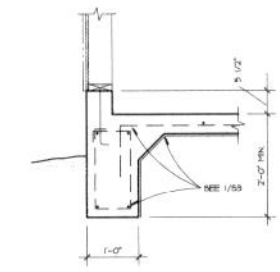

6

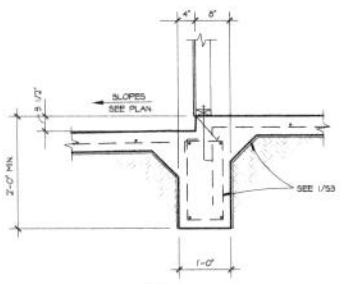

7

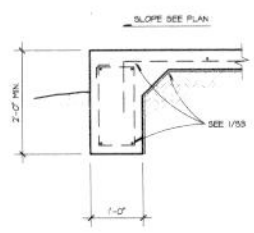

8

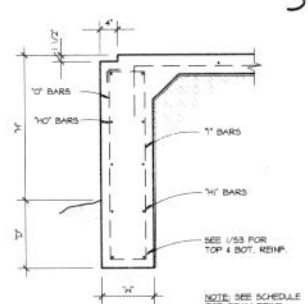

9

EXTERIOR GRADE BEAM SCHEDULE						
DEPTH "H"	"D"	"W"	O-BARS	I-BARS	HO-BARS	HI-BARS
2'-1" TO 3'-0"	1'-0"	1'-0"	#3 @ 24" O.C.	#3 @ 24" O.C.	#4 @ 12" O.C.	#4 @ 24" O.C.
3'-1" TO 5'-0"	1'-0"	1'-0"	#3 @ 18" O.C.	#3 @ 18" O.C.	#4 @ 12" O.C.	#4 @ 24" O.C.
5'-1" TO 7'-0"	1'-0"	1'-0"	#4 @ 18" O.C.	#4 @ 18" O.C.	#4 @ 12" O.C.	#4 @ 18" O.C.
7'-1" TO 9'-0"	1'-6"	1'-0"	#4 @ 14" O.C.	#4 @ 18" O.C.	#4 @ 12" O.C.	#4 @ 18" O.C.
9'-1" TO 11'-0"	2'-0"	1'-0"	#4 @ 14" O.C.	#4 @ 16" O.C.	#4 @ 12" O.C.	#4 @ 12" O.C.
11'-1" TO 13'-0"	2'-6"	1'-2"	#5 @ 14" O.C.	#4 @ 16" O.C.	#5 @ 12" O.C.	#4 @ 12" O.C.
13'-1" TO 16'-0"	3'-0"	1'-2"	#5 @ 14" O.C.	#4 @ 16" O.C.	#5 @ 12" O.C.	#4 @ 12" O.C.

NOTE: IF SOLID INTACT LIMESTONE IS ENCOUNTERED DURING EXCAVATION OF GRADE BEAMS "D" MAY BE REDUCED TO PROVIDE A MINIMUM OF 3" INTO LIMESTONE

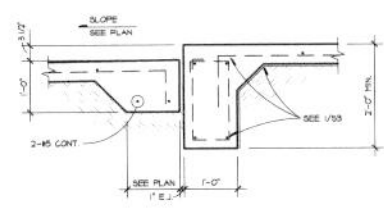

10

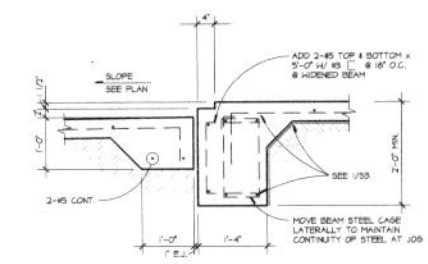

11

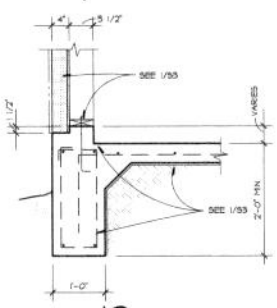

12

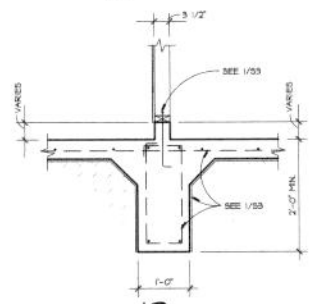

13

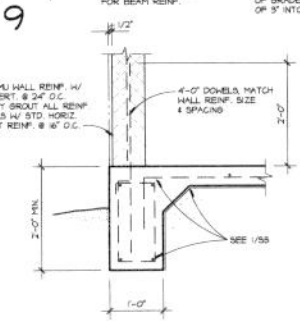

14

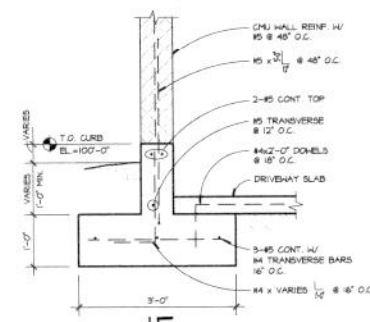

15

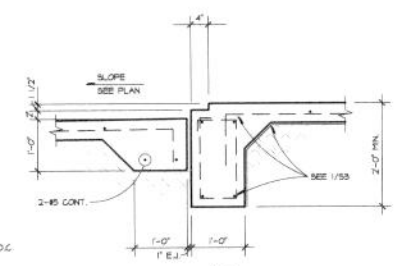

16

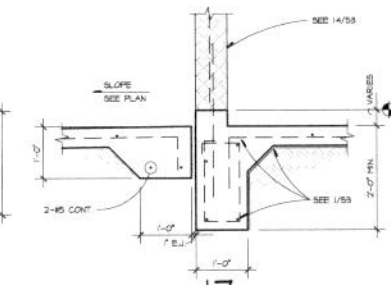

17

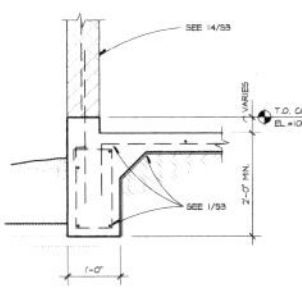

18

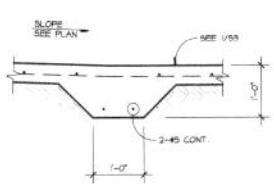

19

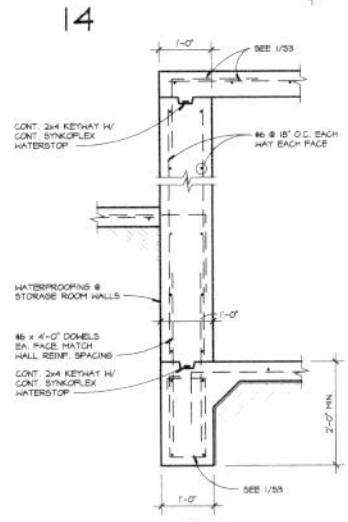

20

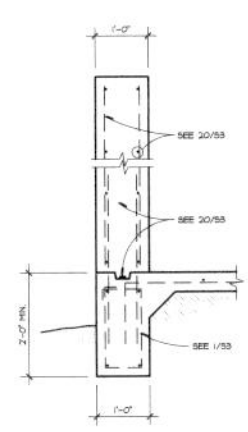

21

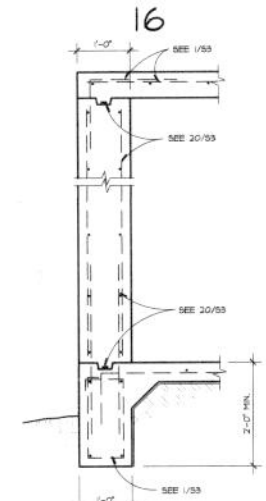

22

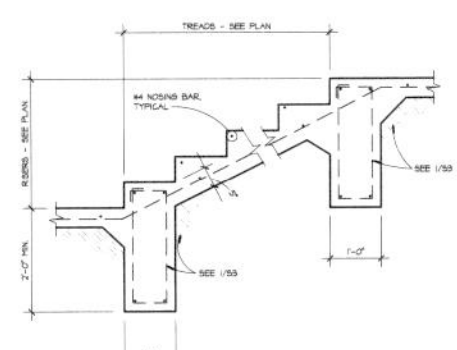

23

GREEN HOUSE
AUSTIN / TEXAS / USA
2013

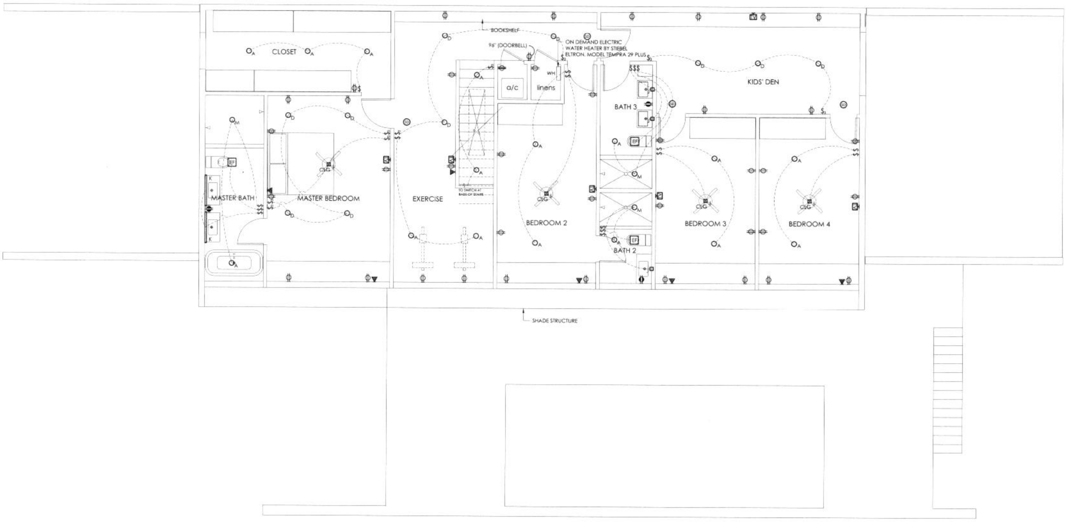

second floor plan - electrical plan - no scale

GREEN HOUSE / AUSTIN

HAUS GRILL-REICHENAUER
PAYERBACH / AUT
2020

Design	Mladen Jadrić
Design team	Jakob Mayer, Max Krankl, Federica
Rizzo,	
	Nikolaus Punzengruber
Project	Conversion of a single-family house
Client	Familie Reichenauer-Grill
Building physics	DI Goran Papo ZT
Builder	Hoferbau, Loipersbach
Wood construction	Holzbaumeister Strebinger GmbH, Puchberg am Schneeberg
Photography	Yasutaka Kojima Photographer, Berlin
Model photography	Georg Mayer
Drawings and Graphics	Jadrić Architektur ZT GmbH

HAUS GRILL-REICHENAUER
PAYERBACH / AUT
2020

Das Haus ist immer ein Akt der Umschließung der Natur – damit entsteht am Beginn zuerst ein Garten, ein hortus conclusus als Inbegriff des Paradieses. Mit der Errichtung beginnt unsere zeitlich begrenzte Verantwortung für ein vormals unberührtes Stück Natur. Ein Haus ist dementsprechend ein Gartenpavillon – ein privater Baldachin errichtet auf Zeit. Es wächst nicht wie ein organischer Körper, dessen Volumen sich vergrößert. Wenn ein Haus innerhalb des Gartens mit der Zeit wachsen soll, dann wird es durch einen weiteren Raum mit der Zeit ergänzt. Dieses additive Gestaltungsprinzip kann man hypothetisch als Prozess endlos vom einzelnen Zimmer bis zum Palast fortsetzen. Es bilden nicht nur die Mobilität des Individuums im Raum, sondern auch der Bezug zwischen Raum und Zeit die Kernidee des Hauses. Somit ist das Haus für seine Bewohner ein materieller Abdruck der Zeit, die sonst abstrakt und stets in Bewegung bleibt. Spur und Sequenzen der Zeit stellen die Räume, die in Diskontinuität stehen, wieder in Beziehung zueinander.

Das bestehende Wochenendhaus wurde 1969 in Payerbach (NÖ) errichtet. Fünfzig Jahre später, im Jahr 2019 begann die zeitgenössische Adaptation mit dem Ziel, den Bestandsbau zu erweitern und ihn ökologischen und technischen Anforderungen der heutigen Zeit anzupassen. Die bestehenden Objekte (ein Haus und ein Gästehaus) liegen auf einem flachen Grundstück, das an den „Wiener Wasserweg“ grenzt. Aus dem Garten bieten Blicke in Richtung Schneeberg im Norden, Kreuzberg im Süden und Richtung Rax im Westen. Das ursprüngliche Haus mit zwei Zimmern ist um einen zusätzlichen Raum erweitert worden. Der als Leichtbau errichtete Bestand mit dem ortsüblichen Satteldach wurde zum Privatbereich (Küche, Schlaf- und Arbeitszimmer) umfunktioniert und saniert. Zu den baulichen Maßnahmen zählen ein neuer Windfang, eine Terrasse, größere Fensterflächen und die thermische Sanierung der Außenwände. Die Infrastruktur des Hauses, darunter Nassräume, Heizung, Wasser- und Elektroleitungen, wurde komplett erneuert.

Der ursprünglich als reine Holzkonstruktion geplante Zubau wurde im Zuge des Baufortschritts als Massivbau errichtet und mit heimischem gebeiztem Lärchenholz verkleidet. Die pentagonale Form des Objekts trägt den besten Aussichten auf die umliegende Landschaft Rechnung. Die mit Fensterrahmen festgehaltenen Ein-

und Ausblicke sind Schlüsselelemente der formalen Gestaltung. Ein hohes Level an Privatheit erfahren die Bewohner, indem sie die Ausblicke genießen können, ohne selbst beobachtet zu werden. Ein zur Gänze verglaster Verbindungsgang öffnet für einen kurzen Moment Blicke in die Nähe zum Innengarten und zum Kreuzberg und in die Ferne zu den Vorbergen des Schneebergs.

Eine herausragende Qualität des Hauses ist die Schaffung der zahlreichen und dabei grundverschiedenen „Atmosphären" im Haus selbst und rund um das Haus. Die durchdachte Situierung des Zubaus strukturiert und zoniert den neu gestalteten Garten. Der neue Gebäudeteil schirmt den Wohn- und Schlafbereich akustisch und optisch von der Zufahrtsstraße ab und erhöht so die Intimität im Garten. Jedes Zimmer hat einen vorgelagerten, mit Holz und Stein verkleideten Außenraum bekommen.

HAUS GRILL-REICHENAUER

PAYERBACH / AUT

2020

A house is always an act of enclosing nature - thus, in the beginning, a garden is created, a hortus conclusus as the epitome of paradise. Our temporary responsibility for a previously untouched piece of nature begins with the construction. Accordingly, a house is a garden pavilion - a private canopy erected for a limited period of time. It does not grow like an organic body whose volume increases. If a house within the garden is to grow with time, then it is supplemented by another space with time. This additive design principle can be hypothetically continued endlessly as a process from a single room to a palace. Not only the mobility of the individual in space but also the relationship between space and time form the core idea of the house. Thus, for its inhabitants, the house is a material imprint of time, which otherwise remains abstract and always in motion. Trace and sequences of time put the spaces, which are in discontinuity, back about each other.

The existing weekend house was built in 1969 in Payerbach (Lower Austria). Fifty years later, in 2019, the contemporary adaptation to expand the existing building and adapt it to today's ecological and technical requirements. The existing objects (a house and a guest house) are located on a flat plot of land bordering the "Vienna Waterway." From the garden, there are views towards Schneeberg in the north, Kreuzberg in the south, and Rax in the west. An additional room has extended the original house with two rooms. The existing house, built as a lightweight construction with a local gable roof, was converted into a private area (kitchen, bedroom, and study) and renovated. The structural measures include a new vestibule, a terrace, larger window areas, and thermal renovation of the exterior walls. The house's infrastructure was completely renewed, including wet rooms, heating, water, and electrical lines. Initially planned as a purely wooden construction, the extension was erected as a solid structure and clad with local stained larch wood as construction progressed.

The pentagonal shape of the object takes into account the best views of the surrounding landscape. The views in and out, captured with window frames, are critical elements of the formal design. A high level of privacy is experienced by the residents, who can enjoy the views without being observed themselves. A fully glazed connecting corridor opens up views for a brief moment to the inner garden and the Kreuzberg mountain and in the distance to the foothills of the Schneeberg mountain.

84 - 85

An outstanding quality of the house is the creation of the numerous yet fundamentally different „atmospheres“ in and around it. The well-thought-out positioning of the extension structures and zones the newly designed garden. The new part of the building shields the living and sleeping areas acoustically and visually from the access road, thus increasing the intimacy in the garden. Each room has been given a front outdoor space clad in wood and stone.

HAUS GRILL-REICHENAUER
PAYERBACH / AUT
2020

86 - 87

AT HOME IN THE ALPS
RAMSAU / AUT
2022

Design	Mladen Jadrić
Design team	Nikolaus Punzengruber, Jakob Mayer, Nerea Garcia Berriozabal, Tsegmidsuren Enkhbaatar
Interior Design	Daria Jadrić
Project	Private Residence
Location	Ramsau am Dachstein, Austria
Completion Date	July 2022
Contractor	Henry Lackner, Fischer-Bau GmbH, Schladming
Site Area	794m2
Gross Floor Area	151,25 m2
Furniture	Del Fabro S.r.l., Udine, Italy
Photography	Yasutaka Kojima Photography, Berlin, DE
Model Photography	Georg Mayer, Vienna
Drawings and Graphics	Jadrić Architektur ZT GmbH

In den letzten Jahren hat sich die alpine Architektur in mehrfacher Hinsicht als diejenige Architekturtypologie erwiesen, die einen wirklich interessanten Wandel erlebt. Traditionelle Materialien und Formen reagieren auf neue Trends und finden neue Anwendungen, die zwar kein Revival darstellen, aber ein neues Interesse an Gebäuden in Bergregionen wecken. Ausgelöst wurde dies auch durch den positiven Kreislauf, den eines der nachhaltigsten Materialien überhaupt durchläuft: Holz. Rückverfolgbar, wiederverwertbar, dauerhaft und umweltschonend, ist Holz, vor allem in seinen modernsten und innovativsten Varianten - vom bekannten Brettschichtholz bis hin zum neueren Brettsperrholz (CLT) - einer der ältesten Baustoffe. Aus dem Bauen mit Holz sind uralte handwerkliche Bauweisen entstanden, die auf der ganzen Welt ähnlich sind. Heute jedoch haben Konstrukteure und Techniker die strukturelle Widerstandsfähigkeit von natürlichem Holz erweitert, so dass man es heute als einen technischen Werkstoff bezeichnen kann, der eine große Zukunft vor sich hat. In der Tat revolutionieren und erweitern neue Holzprodukte die Grenzen von Holz als Baumaterial, so dass es nun auch in unseren Städten, die in Betonbauweise errichtet werden, eine strukturelle Option darstellt. In den Gebirgsregionen entfernen sich neue Hightech-Gebäude mit geringer Umweltbelastung von dem, was man als typische traditionelle Typologien bezeichnen könnte, und nehmen selbstbewusste Designs an, die immer mehr Anklang bei einem Touristensegment finden, das darauf bedacht ist, ökologische Verantwortung mit technologischer Innovation und ultimativem zeitgenössischem Design zu verbinden. Man könnte sogar so weit gehen zu sagen, dass große, unaufhaltsame Veränderungen im Gange sind, um die zerbrechliche Beziehung zwischen Mensch und Natur zu bewahren.

Das von Jadrić Architektur in Ramsau am Dachstein, Österreich, entworfene Chalet ist Teil dieses Wandels. Obwohl es den traditionellen Namen trägt und einige Merkmale des traditionellen Alpenhauses beibehält, steht es für etwas völlig Neues. Dieses Familienferienhaus am Hang des Dachsteingebirges ist auf faszinierende Weise minimalistisch. Die für alpine Bauten typische nüchterne Zurückgezogenheit und Bescheidenheit wird durch ein Spiel von Körpern und Hohlräumen an den Fassaden unter einem großen Giebeldach erreicht. Das Gebäude ruht auf einem Stahlbetonkeller, in dem die Haustechnik

untergebracht ist, und besteht aus einem Rahmen aus Brettschichtholz und einem aussteifenden Betonelement, das den Nassblock mit Bädern und Küche umschließt und die offene Innentreppe trägt. Von außen scheint diese große, mit grau gebeizten vertikalen Lamellen verkleidete Hütte über den um das Erdgeschoss verlaufenden Fensterbändern zu schweben. Die Fensterbänder befinden sich auch an den kurzen Seiten - der Nord- und der Südseite - des Obergeschosses, wo sich die Schlafzimmer befinden. Dieser äußerst präzise Entwurf erinnert an den Dogenpalast in Venedig, da die Reihenfolge der hellen und schweren Schichten umgedreht wurde, was die klassische Komposition untergräbt. Die ununterbrochene Abfolge von Fenstern im Erdgeschoss - wo Küche und Wohnraum durch einen markanten, zeitgenössischen Holzofen verschönert werden - vermittelt den Bewohnern das Gefühl, in die umgebende Landschaft einzutauchen.

Ebenso bringt das durchgehende Verglasungsband die Landschaft in den gemütlichen Wohnbereich, in dem warmes, poliertes, kiefernfarbenes Sperrholz ein typisches alpines Interieur widerspiegelt. Von außen unsichtbar, geben rechteckige Glualm-Säulen dem Innenraum eine rhythmische Abfolge, fast so, als ob sie eine Reihe von Fotorahmen der herrlichen Landschaft draußen schaffen würden. Im Obergeschoss wurden die Wände der großzügigen, monastisch nüchternen Räume von Hand mit einem grauen Wärmedämmputz beschichtet, einer Nichtfarbe, die mit dem Himmel verschmilzt und mit den nackten Bergfelsen in Dialog tritt. Im gesamten Haus ist eine Fußbodenheizung mit Wärmepumpe installiert. Der gepflasterte Platz vor der Hauptfassade dient gleichzeitig als Parkplatz, während der Eingang durch ein ausladendes Vordach aus grauem Kristall gekennzeichnet ist. Auf der gegenüberliegenden Seite des Hauses wird ein abstrakter, streng geordneter Garten von einer imposanten Mauer umschlossen, die die Grenze zwischen dem rational definierten bewohnten Raum des Menschen und der Welt der Natur zu markieren scheint. Was wir hier sehen, ist eine klare Dichotomie - und doch ein Dialog - zwischen stummen Gegensätzen, der die Tür zu der umfassenderen Frage nach dem Wesen der Architektur als Technik und Kunst öffnet. Mit diesem eleganten Projekt leistet Mladen Jadrić einen meisterhaften Beitrag zu dieser Debatte.

A Silent Dialogue on Tradition von Luca Maria Francesco Fabris wurde ursprünglich in THE PLAN 145 (2023), S. 84-92 [Link: https://www.theplan.it/eng/magazine/2023/the-plan-145-04-2023] veröffentlicht.

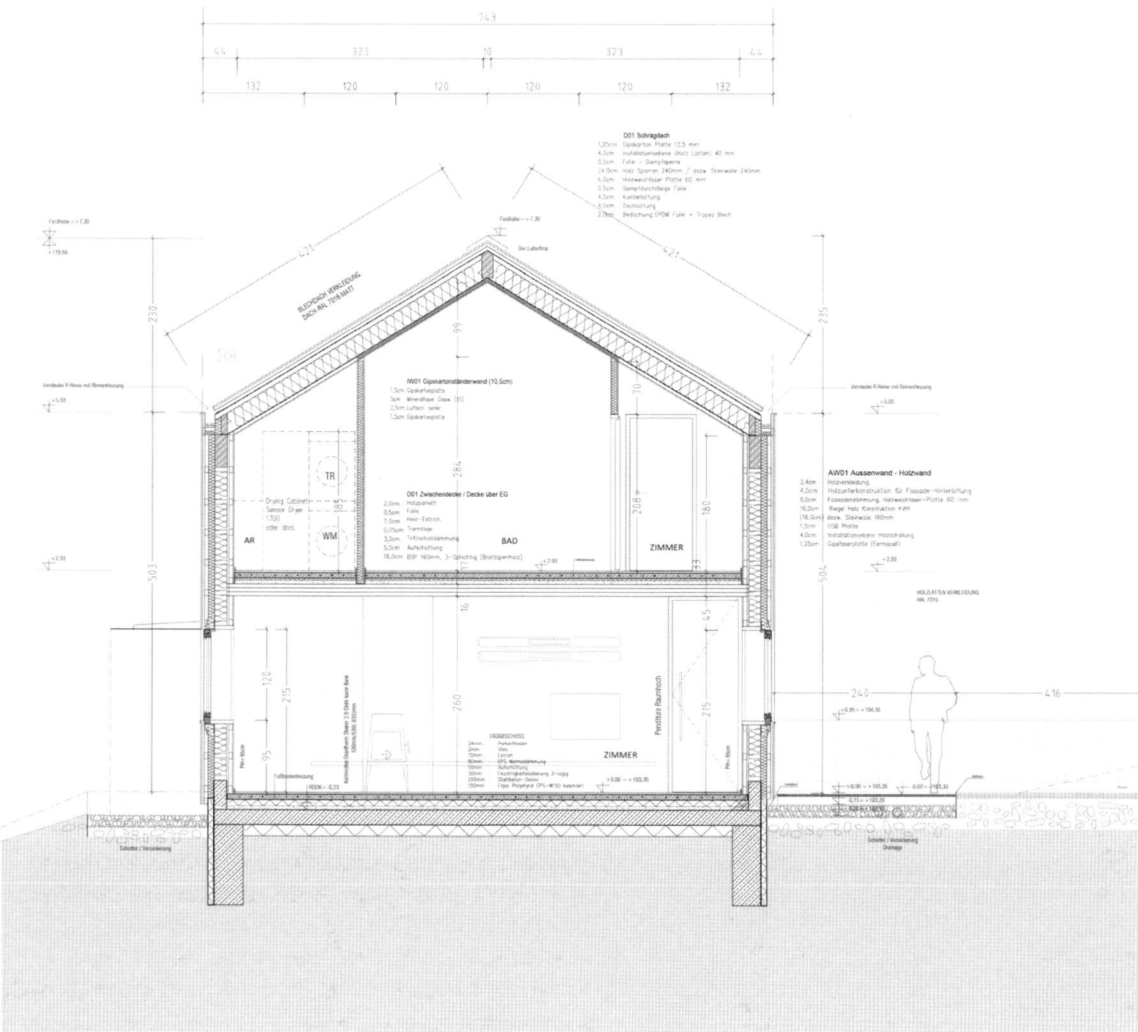

detail section - no scale

AT HOME IN THE ALPS

RAMSAU / AUT

2022

In recent years, Alpine architecture has proved to be the architectural typology undergoing truly interesting transformation on several fronts. Traditional materials and forms are responding to new trends and incorporating new applications, which, although not constituting a revival, have prompted a renewed interest in buildings in mountainous areas. This has also been triggered by the virtuous cycle undergone by one of the most sustainable materials ever: wood. Traceable, recyclable, durable and of low environmental impact, timber, especially in its most high-tech and innovative versions – from the well-known glulam to the newer cross-laminated timber (CLT) – is one of the oldest construction materials. Building with wood gave rise to age-old craft construction methods similar to those used all over the world. Today, however, designers and technical experts have extended the structural resistance of natural wood, with the result that it can now be called an engineered material, with a great future ahead of it. In fact, new timber products are revolutionizing and extending the boundaries of wood as a building material, so much so that it is now entering our concrete-designed cities as a structural option. In mountain environments, new high-tech, low-environmental-impact buildings are moving away from what we could call typical traditional typologies to take on assertive designs that are finding increasing favor with a tourist segment anxious to combine environmental responsibility with technological innovation and the ultimate in contemporary design. We might even go as far as to say that great, unstoppable changes are afoot to preserve the tenuous relationship between Man and Nature.

Designed by Jadrić Architektur in Ramsau am Dachstein, Austria, the chalet is part of this transition. Although taking the traditional name and retaining some features of the traditional alpine house, it stands for something completely new. This family vacation house on the slope of the Dachstein Mountains is intriguingly minimalist. The air of sober privacy and humility typical of alpine buildings is achieved through a play of solids and voids on the façades under a large gabled roof. Resting on a reinforced concrete basement housing mechanicals and other services, the building comprises a glulam structural frame and a concrete stiffening element that wraps around the wet block of bathrooms and kitchen and supports the open indoor staircase. From outside, this large Alpine lodge, clad in gray-stained vertical slats, appears suspended above

ribbon windows running around the ground floor. Ribbon windows also feature on the short – north and south – sides of the upper floor where the bedrooms are located. This extremely precise design brings to mind the Doge's Palace in Venice because the order of light and heavy layers has been switched around, subverting classical composition. The continuous succession of ground floor windows – where a striking, contemporary-style wood-burning stove embellishes a kitchen and living space – give occupants the feeling of being immersed in the surrounding landscape.

By the same token, the continuous glazing strip brings the landscape into the cozy living area where warm polished pine-colored plywood echoes typical alpine interiors. Invisible from the outside, rectangular-section glulam pillars give a rhythmic sequence to the interior space, almost as if to create a series of photo-frames of the splendid scenery outside. On the upper floor, the walls of the spacious, monastically sober rooms have been hand-finished with a coating of gray thermal insulation plaster, a non-color that blends with the sky and dialogues with the bare mountain rocks visible in the distance through the large glazed openings. Heat-pump-powered underfloor heating is installed throughout the house. The paved space before the main façade doubles as a parking area, while the entrance is signposted by a projecting canopy of gray crystal. On the opposite side of the house, an abstract, rigorously arranged garden is enclosed by an imposing wall that seems to mark out the boundary between Man's rationally defined inhabited space and the world of Nature. We are witnessing a clear dichotomy - yet a dialogue - between mute juxtapositions, which opens the door to the broader question of the very essence of architecture as a technique and art. With this elegant project, Mladen Jadrić contributes masterfully to the debate.

ABSICHTEN / *INTENT*
Ausblick / *View*

Der Blick auf das Nahe und auf das Ferne verstärkt die Beziehung des Einzelnen mit dem Ganzen.

The view of the near and the far reinforces the individual's relationship with the whole.

GREEN HOUSE / AUSTIN

ABSICHTEN / *INTENT*
paradiesischer Garten
paradisiacal garden

Der Garten als erweiterter Wohnbereich. Immer noch privat aber den Gesetzen der Natur unterworfen.

The garden as an extended living space. Still private but subject to the laws of nature.

AT HOME IN THE ALPS / RAMSAU

ABSICHTEN / *INTENT*

Handwerk / *Craftsmanship*

Handwerk ermöglicht erst die Dauer und damit die Veränderung. Handwerk ist der Gegenpol zur Obsoleszenz.

Craftsmanship makes duration and, thus, change possible in the first place. Craft is the antithesis of obsolescence.

HAUS GRILL-REICHENAUER / PAYERBACH

ABSICHTEN / *INTENT*

Bewegungsfluss / flow of motion

Die Form ist ein Abdruck des Lebens, das formlos ist und ständig im Fluss, zugleich schöpft jegliche Form auf dieser Welt ihre Gestalt aus diesem Fluss.

Yukio Mishima: Der Goldene Pavillon, Verlag: Kein & Aber, 1. Auflage, neue Ausgabe, Berlin, 2019

The form is an imprint of life, which is formless and constantly in flux; at the same time, every form in this world draws its shape from this flux.

Yukio Mishima: The Golden Pavilion, Verlag: Kein & Aber, 1st edition, new edition, Berlin, 2019

GREEN HOUSE / AUSTIN

ABSICHTEN / *INTENT*

Proportionen / *proportions*

Die Proportionen müssen passen und gesund sein.
Das Wissen um die gesunde Proportion balanciert das Verhältnis von Haus und Garten sowie der umliegenden Landschaft.

The proportions must fit and be healthy. Knowing the healthy proportion balances the relationship between the house and garden and the surrounding landscape.

GREEN HOUSE / AUSTIN

ABSICHTEN / *INTENT*

Haptik / haptics

Wir bilden uns manchmal ein, über einen sechsten zu verfügen. Wider die anhaltende Betriebsamkeit leistet diese Architektur der behutsamen Verknüpfung von Innen und Außen eine Anleitung bei sich zu sein, so unterschiedlich die Situation auch sein mag.

We sometimes imagine that we have a sixth. Against the persistent bustle, this architecture of the careful linking of inside and outside provides guidance to be with oneself, however different the situation may be.

AT HOME IN THE ALPS / RAMSAU

ABSICHTEN / *INTENT*
Prozess / *process*

Es braucht Dauer, um Dauer zu schaffen. Jedem durchdachten Entwurf geht ein langer Erwerb von Einsichten und Fähigkeiten voraus.

It takes duration to create duration. A long acquisition of insights and skills precedes every thoughtful design.

GREEN HOUSE / AUSTIN

Alice....went on. "Would you tell me, please, which way
I ought to go from here?"

"That depends a good deal on where you want to get to,"
said the Cat.

Lewis Caroll from Alice in Wonderland

BIOGRAFIEN / *BIOGRAPHIES*

MLADEN JADRIĆ

Architect

Mladen Jadrić lehrt (TU) und praktiziert Architektur in Wien, Österreich. Er hat eine breite Palette von Projekten unterschiedlicher Größenordnung realisiert: Architektur- und Städtebauprojekte, Wohnhäuser, Residenzen, Kunstinstallationen und Experimente mit neuen Materialien und Technologien in Österreich, den USA, Finnland und China. Er hat umfangreiche Erfahrungen als Gastprofessor und Gastdozent in Europa, den USA, Asien, Australien und Südamerika gesammelt. Er hat an der Royal Academy of Arts in London, am M.I.T., an der Cooper Union und an der Roger Williams University in den USA, an der Alvar Aalto University in Helsinki, auf der Architekturbiennale in Venedig, der World Architectural Triennale in Tokio, der Seoul Biennale of Architecture and Urban Planning, am NIT-Nagoya und vielen anderen ausgestellt. Er erhielt den Staatspreis für experimentelle Architektur, den Karl-Scheffel-Preis und den Schorsch-Preis für Wohnbau der Stadt Wien sowie den Großen Preis des Bürgermeisters von Busan, Korea. Mitglied des Künstlerhauses.

Mladen Jadrić teaches (TU) and practices architecture in Vienna, Austria. He has realized a wide range of projects of different scales: Architectural and urban design projects, residences, art installations, and experiments with new materials and technologies in Austria, USA, Finland, and China. He has had extensive experience as a visiting professor and guest lecturer in Europe, the USA, Asia, Australia, and South America. He has exhibited at the Royal Academy of Arts in London, M.I.T., Cooper Union and Roger Williams University in the USA, Alvar Aalto University in Helsinki, Venice Architecture Biennale, World Architectural Triennale in Tokyo, Seoul Biennale of Architecture and Urban Planning, NIT-Nagoya and many others. He received the State Prize for Experimental Architecture, the Karl Scheffel Prize, and the Schorsch Prize for Housing of the City of Vienna, and the Grand Prize of the Mayor of Busan, Korea. Member of the Künstlerhaus.

BIOGRAFIEN / *BIOGRAPHIES*

118 - 119

ALEXANDER PEER

Text by

*1971 in Salzburg, Studien in Germanistik, Philosophie und Publizistik. Peer lebt heute als freier Autor in Wien. Er schreibt regelmäßig über Literatur und Architektur für diverse Zeitungen und Zeitschriften. www.peerfact.at

Bücher (Auswahl): „111 Orte im Pinzgau, die man gesehen haben muss“, Emons 2022, „Gin zu Ende, achtzehn Uhr“, Limbus 2021, „Der Klang der stummen Verhältnisse“, Limbus 2017, „Bis dass der Tod uns meidet“, Limbus 2013, „Land unter ihnen“, Limbus 2011, „Ostseeatem“, Wieser 2008 und „Herr, erbarme Dich meiner!“ (über Leo Perutz), Ed. A&S 2007.

Born in 1971 in Salzburg, he studied German language and literature, philosophy, and journalism. Peer now lives as a freelance writer in Vienna. He writes regularly about literature and architecture for various newspapers and magazines (www.peerfact.at).

A selection of books: "111 Places in the Pinzgau You Must Have Seen," Emons 2022; "Gin to End, Eighteen O'Clock," Limbus 2021; "The Sound of Silent Circumstances," Limbus 2017; "Until Death Shuns Us," Limbus 2013; "Land Beneath Them," Limbus 2011; "Baltic Sea Breath," Wieser 2008; and "Lord, Have Mercy on Me!"(on Leo Perutz), ed. A&S 2007.

IMPRESSUM / *CREDITS*

Herausgegeben von / *Published by*
Actar Publishers
New York, Barcelona
www.actar.com

Text von / *Text by*
Alexander Peer

Gestaltung / *Design*
Pointner Theresa

Übersetzung und Lektorat / *Translation and Edit*
Daria Jadrić

Druck und Bindung / *Print and Binding:*
Arlequin SL. Barcelona

Schrift / *Font*
Garamond, DIN

Vertrieb / Distribution
Actar D
New York, Barcelona

NEW YORK
440 Park Avenue South,
17th Floor
New York, NY 10016, USA
T +1 2129662207
salesnewyork@actar-d.com

BARCELONA
Roca i Batlle 2-4
08023 Barcelona, Spain
T +34 933 282 183
eurosales@actar-d.com

ISBN: 978-1638401261
LCCN: 2023951261

Gedruckt und gebunden in Spanien
Erscheinungsdatum: Dezember 2023
Printed and bound in Spain
Publication date: December 2023

JA JADRIC ARCHITEKTUR
Walfischgasse 14/4, 1010 Wien / Vienna
www.jadricarchitektur.at